PROJET

D'UNE

CARTE POLITIQUE DE L'EUROPE

PAR VAUBAN

EN 1706

PAR

M. A. DE ROCHAS

EXTRAIT DE LA *REVUE DE GÉOGRAPHIE*
DIRIGÉE PAR M. L. DRAPEYRON

PARIS

INSTITUT GÉOGRAPHIQUE DE PARIS

CH. DELAGRAVE

15, RUE SOUFFLOT, 15

1891

PROJET

D'UNE

CARTE POLITIQUE DE L'EUROPE

PAR VAUBAN EN 1706

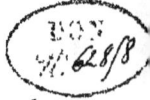

C'est en 1697 que Louis XIV, après avoir étendu de tous côtés ses conquêtes et successivement dicté ses conditions à toute l'Europe dans les traités d'Aix-la-Chapelle, de Nimègue et de Ratisbonne, dut subir pour la première fois les exigences de ses ennemis ligués contre lui.

Par le traité de Turin (20 août 1696), il avait acheté la neutralité de la Savoie en lui cédant Pignerol; par celui de Ryswick (20 septembre 1697), il restituait ses États au duc de Lorraine; il rendait à l'Espagne les places conquises en Flandre et au delà des Pyrénées; enfin il abandonnait à l'Empire la rive droite du Rhin.

Vauban, vivement affecté de ces modifications de nos frontières qui bouleversaient son système de défense[1], fut amené à étudier les causes qui pou-

---

1. Dans une lettre adressée à Racine et datée de Paris, le 13 septembre 1697, Vauban écrivait :

« ... Je n'ai pas plus tôt été arrivé ici que j'ai trouvé Paris rempli des bruits de paix que les ministres étrangers font courir, à des conditions très déshonorantes pour nous; car, entr'autres choses, ils écrivent que nous avons offert en dernier lieu Strasbourg et Luxembourg en l'état qu'ils sont, outre et pardessus les offres précédentes qu'on avoit faites; qu'ils ne doutent pas que ces offres ne soient acceptées; mais qu'ils s'étonnent fort qu'on ne les ait pas faites il y a deux ans, puisque si on les avoit faites en ce temps-là nous aurions la paix. Si cela est nous fournissons là à nos ennemis de quoi nous bien donner les etrivières. Un pont sur le Rhin et une place de la grandeur et de la force de Strasbourg qui vaut mieux elle seule que le reste de l'Alsace, cela s'appelle donner aux Allemands le plus beau et le plus sûr magasin d'Europe pour le secours de M. de Lorraine et pour porter la guerre en France. Luxembourg, de sa part, fera le même effet à l'égard de la Lorraine, de la Champagne et des Evéchés. Nous n'avons, après cela, qu'à nous jouer à donner de l'inquiétude à M. de Lorraine, le voilà en état d'être soutenu à merveille. Je ne veux pas parler des autres places que nous devons rendre. Je ne vous ai paru que trop outré là-dessus; il vaut mieux me taire de peur d'en trop dire. Ce qu'il y a de certain, c'est que ceux qui ont donné de pareils conseils au roi ne servent pas mal ses ennemis; ces deux dernières places sont les meilleures de l'Europe; il n'y avoit qu'à les garder, il est certain qu'aucune puissance n'auroit pu nous les ôter. Nous perdons avec elles, pour jamais, l'occasion de nous borner par le Rhin; nous n'y reviendrons plus, et la France, après s'être ruinée et avoir consommé un million d'hommes pour s'élargir et se faire une frontière, que tout est fait et qu'il n'y a plus qu'à se donner un peu de patience pour sortir glorieusement d'affaire, tombe tout d'un coup sans aucune nécessité, et tout ce qu'elle a fait depuis quarante ans ne servira qu'à fournir à ses ennemis de quoi achever de la perdre. Que dira-t-on de nous présentement? Quelle réputation aurons-nous dans les pays étrangers, et à quel mépris allons-nous être exposés?... »

1

vaient influer sur l'équilibre européen et à porter les méditations de son génie si droit et si pratique sur les intérêts réciproques des nations.

En 1706, après la funeste issue du siège de Turin et la défaite de Ramillies, il faisait, non sans quelque embarras, l'aveu de ses préoccupations dans une lettre adressée à Chamillart et datée de Lille, le 12 septembre :

« La France a sans doute besoin d'une bonne et solide paix qui ne soit pas de la nature de celles qu'on appelle *fourées*; me trouvant fort désœuvré il y a sept ou huit ans, je m'assurai à en faire une espèce de projet qui, tel qu'il est, contient beaucoup de choses qui pourroient nous convenir si on venoit à une négociation. Cela vous paraîtra sans doute ridicule et visionnaire d'un homme comme moi; mais je m'embarrasse peu des qualités qu'on peut me donner, pourvu que le Roi y trouve quelque utilité. Du reste, la présomption n'y a nulle part, mais uniquement le zèle que j'aurai, comme je le dois, toute ma vie pour son service. Si vous avez curiosité de le voir, je manderai à Paris qu'on vous le porte à l'Étang¹ quand vous y serez. »

Vauban avait en effet consigné le résultat de ses réflexions dans deux mémoires que j'ai eu la bonne fortune de retrouver.

Le premier a dû être composé vers 1700, au moment où Philippe V fut appelé au trône d'Espagne et où le roi de France pouvait se considérer de nouveau comme l'arbitre de l'Europe. Ce mémoire était certainement destiné, dans la pensée de son auteur, à ne jamais sortir de son cabinet, car il contient, relativement à l'Église, des pensées tellement hardies pour le temps, qu'il eût été très dangereux de les faire connaître. Le général Haxo en a pris une copie, en 1832, dans les archives du château du Mesnil appartenant au marquis de Rosanbo, descendant d'une des filles de Vauban; je l'ai publié, en 1882, avec quelques autres mémoires inédits du grand ingénieur, dans le *Journal des Économistes*, d'après une copie que le général Haxo avait donnée à mon grand-oncle le maréchal Dode de la Brunerie, président du comité des fortifications.

En voici les extraits relatifs au sujet qui nous occupe :

INTÉRÊT PRÉSENT DES ÉTATS DE LA CHRÉTIENTÉ

Intérêt de l'Espagne.

L'intérêt de l'Espagne n'est plus de prétendre à la monarchie universelle; c'est ce qui l'a ruinée. Ce n'est point de posséder quantité d'États détachés du corps de sa monarchie, parce que c'est encore l'une des causes de sa ruine, en ce que ces États détachés, qui ont fait la fortune à plusieurs particuliers, lui ont beaucoup coûté et n'ont fait que lui attirer quantité d'ennemis et

---

1. Le fils de Louvois, Barbezieux, dit Saint-Simon (*Mémoires*, année 1701, t. II, éd. Chéruel, 1873, p. 117). « avait bâti entre Versailles et Vaucrosson, au bout du parc de Saint-Cloud, une maison en plein champ, qu'on appelle l'Estang, qui, dans la plus triste situation du monde, mais à portée de tout, lui avait coûté des millions. » Dès 1702, l'Estang avait changé de maître. Saint-Simon écrivait en effet (t. III, p. 229) : « Nous fûmes dîner chez Chamillart, à l'Estang. »

l'épuiser d'hommes et d'argent; on peut comprendre dans cette catégorie les *Pays-Bas*, le *Milanais*, le royaume de *Naples*, la *Sicile*, la *Sardaigne* et la *Franche-Comté*, qu'ils n'ont plus, mais non les *Indes orientales* et *occidentales*...

Voici les intérêts négatifs; voyons quels sont les effets affirmatifs. Le premier et le plus puissant de-tous est de : 1° repeupler son pays et de mettre toute chose en usage pour cela, attendu que la grandeur des rois et des États se mesure par le nombre de ses sujets et non par l'étendue du pays qui contribue plus à les épuiser qu'à les peupler; — 2° échanger tous les États de la couronne de Portugal contre le royaume de Naples et de Sicile, si cela se peut; — 3° se défaire, à charge de foy et hommage, du duché de Milan en faveur d'un prince qui ne fût ni de la Maison de France, ni de celle d'Autriche; — 4° des Pays-Bas en faveur de M. de Lorraine à condition de céder ses États à la France pour la dédommager des prétentions légitimes qu'elle peut avoir en considération de ce qu'elle fait pour l'Espagne, comme aussi lui rendre le Luxembourg et les comtés de Beaumont et de Chimay qui conviennent à la frontière; — 5° conserver les Indes occidentales et orientales comme la prunelle de l'œil; mais, comme d'elle-même elle n'est pas assez puissante pour les conserver, — 6° faire alliance perpétuelle avec la France, très étroite pour leur conservation, parce que, jointe avec eux, elle pourroit contrebalancer et repousser les Anglois et Hollandois; — 7° n'introduire jamais d'autre nation dans les Indes que les Espagnols naturels et ne se point brouiller avec la France à raison du commerce de proche en proche des deux nations, de la proximité des secours qu'elle en peut tirer et de la conformité de religion, ces deux grands États faisant aujourd'hui les deux plus fermes appuis de la religion catholique.

Intérêt de la France.

Toutes les ambitions de la France doivent se renfermer entre le sommet des Alpes et des Pyrénées, des Suisses et des deux mers : c'est là où elle doit se proposer d'établir ses bornes par les voies légitimes selon le temps et les occasions; et par conséquent *Genève* et la *Savoie* et le comté de *Nice* sont de sa convenance, de même que la *Lorraine*, le duché des *Deux-Ponts*, la principauté de *Montbéliard*, le *Palatinat*, l'archevêché de *Trèves*, celui de *Mayence* et de *Cologne en deçà du Rhin*, les duchés de *Clèves* et de *Juliers*, le pays de *Liège* et le reste des *Pays-Bas* catholiques, y compris la *Flandre* et le *Brabant hollandois*. Voilà à quoi doit se terminer toute l'ambition de la France, et quand le surplus de la chrétienté devroit se donner à elle, comme il lui seroit plus à charge qu'autrement, elle ne le doit jamais accepter si elle aime son repos et sa sûreté; car il ne lui convient pas de posséder un pouce de terre en Italie ni au delà du Rhin ni des Pyrénées. On pourroit dire la même chose au delà de la mer si quelque raison de commerce ne l'obligeoit à tenir quelque poste de peu d'étendue et seulement pour la sûreté de ce commerce, ce qui pourroit se réduire à la possession de l'île de Saint-Domingue et du Canada.

Ses intérêts à l'égard de l'**Espagne** sont : 1° se procurer, autant qu'elle le pourroit officieusement et de bonne foi, l'échange du Portugal contre le royaume de Naples et de Sicile, mais non de lui conserver le Milanais et autres pièces détachées de sa monarchie ni de souffrir qu'elle s'arrondisse ailleurs que dans l'Inde ; — 2° de faire alliance perpétuelle avec elle pour la commune défense des deux royaumes, et de leurs Etats prochains ou éloignés, et de leur commerce ; — 3° elle auroit dû procurer, si elle avoit pu, que le reste des Pays-Bas catholiques appartenant à l'Espagne fût échangé entre la Lorraine, le Barrois et le Luxembourg, la Savoie et le comté de Nice contre partie équivalente du Milanais et du Montferrat, et cela pour ses prétentions sur la succession d'Espagne dont il eût fallu se contenter et assoupir pour jamais toutes les autres prétentions.

4° Acquérir du **Roi de Suède**, soit par engagement ou autrement, les duchés des *Deux-Ponts*, et du **Prince palatin** le bailliage de *Gemersheim*, et le *Montbéliard* de la **Maison de Wurtemberg**.

5° Assister l'**Empire** contre les entreprises de l'Empereur en cas d'attentat sur la liberté des États qui le composent ; le maintenir à l'état qu'il est sans souffrir de guerre intestine et qu'aucun de ses membres s'élève sur les ruines des autres.

6° Maintenir l'Empire dans la **Maison d'Autriche** comme la seule capable de le pouvoir soutenir ; vivre en paix avec Elle pourvu qu'elle y réponde et l'assister en ce cas contre ceux qui voudraient l'opprimer, notamment contre les Turcs.

7° Conserver religieusement l'alliance des **Suisses** pourvu que les cantons vivent toujours en paix extérieure, et réhabiliter ce qu'il peut y avoir de gâté à leur égard de notre part.

8° Maintenir l'**Italie** sur le pied où elle est et ne pas souffrir qu'elle soit opprimée en son corps ni en ses membres, ni que pas un de ses princes ne s'élève au-dessus des autres à leurs dépens.

9° Réunir le **Comtat d'Avignon** à la Provence, de même que les **Principautés d'Orange et des Dombes**, et toutes les autres seigneuries du Royaume qui ont quelque distinction tendant à la souveraineté ; n'en souffrir aucune plus privilégiée que les autres, et réunir le tout à la même forme de gouvernement qui doit être la générale de tout le Royaume et non d'autre...

Il est encore de l'intérêt de l'Etat et de tous ceux qui l'habitent de réduire toutes les COUTUMES du Royaume en une seule qui soit égale et uniforme pour toutes les provinces ; d'égaler tous les POIDS et MESURES qui sont d'usage dans le Royaume à une de chaque espèce, bien divisée. Cela faciliteroit le commerce et éviteroit une foule de procès.

A l'égard de l'**Angleterre**, les intérêts de la France sont de balancer l'autorité du roi et du parlement, de fomenter les jalousies entre les presbytériens et les épiscopaux, de protéger les Hollandois contre eux quand ils seront rentrés dans le devoir, et de ruiner leur commerce par la course quand on sera en guerre avec eux.

De la France à l'égard du **Portugal**, ses intérêts sont : l'échange des Etats de cette couronne avec le royaume de *Naples* et de *Sicile*, ce qui donnera lieu à trois bonnes choses en même temps, qui toutes concourront au bien de la chrétienté : 1° la convenance des Espagnols ; 2° la sûreté de la maison de Bragance, étant sûr que si les choses demeurent en l'état qu'elles sont, tôt ou tard l'Espagne absorbera le Portugal, notamment si la France s'en mêle ; et 3° la sûreté et satisfaction des Italiens qui se trouveront par là à couvert des entreprises de la maison d'Autriche, à joindre que la France, qui doit veiller à la sûreté de l'Italie, y trouvera aussi son compte par cette voie.

De la France à l'égard des **Hollandois** est de les porter à préférer son alliance à toute autre nation en leur ôtant ce qu'ils tiennent du *Brabant* et de la *Flandre* au profit de l'Espagne (ou du sien, si elle étoit dame et maîtresse des Pays-Bas), afin de réduire cette insolente nation à l'étendue du pays nécessaire à son commerce et rien de plus, et c'est encore par la même raison qu'il faudroit se borner par l'Issel. La France peut la recevoir dans son alliance avec obligation respective de se défendre et protéger l'une l'autre envers et contre tous, et eux d'avoir un attachement inviolable pour la France, qu'il faudroit fomenter par leur procurer un commerce libre dans toute l'étendue du Royaume. On croit pouvoir dire que ces peuples lui seront meilleurs en qualité d'alliés que de sujets, attendu que pour les contenir, s'ils étoient sujets, on seroit obligé de bâtir beaucoup de places et de citadelles, entretenir un grand nombre de troupes et de vaisseaux, à payer un grand nombre d'officiers de guerre, et de finance et de robe et à beaucoup d'autres frais pour les entretiens de digues et du pays qui ne subsiste que par artifice et par de très grands frais, qui absorberoient tous les revenus qu'on en pourroit tirer. — De se rejeter sur le commerce pour y avoir recours en cas de besoin seroit du temps perdu et les réduiroit au désespoir. Les ayant pour alliés à des conditions raisonnables et utiles aux deux nations, ils jouiroient de leur liberté toute entière, feroient toutes ces dépenses là par eux-mêmes, n'auroient jamais lieu de se plaindre de nous et on en retireroit le même résultat avec plus d'attachement et de bonne conduite de leur part...

Le second mémoire a pour titre :

PROJET DE PAIX ASSEZ RAISONNABLE POUR QUE TOUS LES INTÉRESSÉS A LA GUERRE PRÉSENTE EN DUSSENT ÈTRE CONTENTS, S'IL AVOIT LIEU ET QU'IL PLUT A DIEU D'Y DONNER SA BÉNÉDICTION.

Il porte la date du 2 février 1706 et il était compris parmi ceux que Vauban avait fait relier à ses armes pour les conserver dans son cabinet.

En 1786 (20 septembre), M. de Fourcroy, lieutenant-général des armées et directeur des fortifications au ministère de la guerre, écrivit à l'*Auteur du*

Journal général de France[1], à propos de la polémique soulevée par un libelle de Choderlos de Laclos contre Vauban, une longue lettre dans laquelle il énumérait les manuscrits du cabinet du maréchal qui étaient alors la possession de M. Le Peletier de Rosanbo, président au parlement.

Le n° 5 est ainsi décrit :

« Projet de paix fait à plaisir. 2 février 1706. In-folio, en maroquin, doré et armorié, de 67 pages, contient 12 articles ou conditions de cette paix, c'est-à-dire les abandons que le Roi pourroit faire de ses conquêtes et de même les autres puissances belligérantes sur les possessions qu'elles ne pourroient garder qu'à leur préjudice, avec les motifs de toutes ces propositions. Aux choses et au style de ce mémoire, on ne peut douter qu'il ne soit de M. de Vauban ; si l'on compare ce projet avec les traités de 1713 et 1714, on voit combien Vauban s'étoit rencontré dans ses vues politiques avec nos négociateurs, si peut-être il ne leur servit pas de guide. »

Les papiers de Vauban furent, postérieurement à cette époque, transportés par la famille de Rosanbo au château du Mesnil près Mantes, où le général Haxo put les consulter en 1832, et en dresser le catalogue.

Or, ce catalogue ne contient plus le mémoire en question[2] qui reparaît dans le commerce en 1889. M. Charles Read voulut bien me le signaler dans un catalogue de la veuve Techener où il était coté 400 francs[3] ; je le signalai, à mon tour, au colonel Gacon, bibliothécaire du dépôt des fortifications, qui l'acquit pour cet établissement.

Le mémoire est donc bien authentique ; de plus, il est complètement inédit et je n'en connais pas d'autre exemplaire. Il y a donc intérêt sous beaucoup de rapports à le publier.

Le voici avec l'orthographe indécise de cette époque ; je me suis borné à modifier légèrement la ponctuation dans certaines phrases pour les rendre plus claires.

A. DE ROCHAS.

1. *Journal général de France*, 1786, pp. 496-498 et 500-502.
2. On trouve seulement dans ce catalogue, outre le mémoire sur l'*Intérêt présent des États de la chrétienté*, les indications suivantes :
Fragment d'un mémoire du Roi pour la paix, 10 pages, 24 juillet 1696. — *Moyens légitimes de procurer la paix entre les princes chrétiens* (paraît antérieur à 1689). — *Divers mémoires sur la paix par différents auteurs.* — *Testament politique du duc de Lorraine*, 120 pages. Ce mémoire, qui doit être attribué au duc Charles IV, est une suite d'avis politiques tant pour le gouvernement intérieur que pour l'agrandissement de l'Autriche en Allemagne et en Italie. Le projet est d'occuper celle-ci tout entière en donnant la Savoie aux Suisses.
3. VAUBAN. Projet de paix fait à plaisir : 2 février 1706. Manuscrit gr. in-fol. de 67 pages, mar. r. fil. tr. d. (*Armes du Maréchal de Vauban*), 400 francs. — BEAU MANUSCRIT INÉDIT DU XVIIIᵉ SIÈCLE, CALLIGRAPHIÉ et orné d'une initiale avec arabesques dessinées et ombrées à l'encre de Chine.

PROJET DE PAIX

ASSEZ RAISONNABLE

POUR QUE TOUS LES INTÉRESSÉZ A LA GUERRE PRÉSENTE,
EN DEUSSENT ÊTRE CONTENS, S'IL AVOIT LIEU
ET QU'IL PLUT A DIEU D'Y DONNER SA BÉNÉDICTION

(2ᵐᵉ février 1706)

1.

Que la **France** cède l'Espagne et tout ce qui dépend de cette Monarchie, à la Maison d'Autriche, sur le pied et tout comme elle étoit avant la mort du feu Roy, et qu'à même temps Elle renonce à tous les droits acquis par son Testament, et par tout ce qui s'en est ensuivy jusqu'à présent.

2.

Que la **Maison d'Autriche** de sa part cède à la France *Luxembourg* et le surplus de cette Province, les *Comtez de Beaumont*[1] et *de Chimay*[2] avec leurs dépendances, et les *Terres franches de Fumay*[3] et *Revin*[4] parce qu'elles sont nécessaires à l'arrangement de notre Frontière de ce côté-là, bien que de très peu de considérations, d'ailleurs.

3.

Qu'elle cède le *Duché de Milan* au Duc de Lorraine en échange des Duchez de Lorraine et de Bar en faveur de la France, de même que la Basse-Alsace, avec toutes les Places qu'elle contient, y comprit le Baillage de Ghermessem[5] et ses dépendances, Philisbourg, Landau, et le Fort Louis du Rhin[6] s'il venoit à nous échaper, le vieux

---

1. Beaumont, ville de Belgique (Hainaut), à 30 kilomètres S.-O. de Charleroi.
2. Chimay, ville de Belgique (Hainaut), à 44 kilomètres S. de Charleroi.
3. Fumay, chef-lieu de canton (Ardennes), arrondissement de Rocroy.
4. Revin, commune (Ardennes), canton de Fumay.
5. Lisez Germersheim, ville forte de Bavière (Cercle du Rhin), à 17 kilomètres S. de Spire.
6. Le Fort Louis ou Fort Vauban, à 40 kilomètres N.-N.-E. de Strasbourg, dans une île du Rhin. Fort construit par Vauban en 1689.

Brisack, la mouvance de Montbelliard au Comté de Bourgogne
auquel elle a cy-devant appartenüe, et du Comté de Horbourg[1] au
Sunt gau, ainsi que celles de toutes les Terres appartenantes à la
Maison de Wirtemberg scizes dans l'étendue de la Haute et Basse-
Alsace.

4.

Que les **Electeurs de Bavière**[2] et de **Cologne**[3] soient remis à
pur et à plein dans leurs États, et que les meubles de leurs mai-
sons, les canons et munitions de leurs Places, etc., leur soient
rendus, et que pour les dédommager des pertes qu'ils ont souffertes
pendant cette guerre, l'Empereur paye une pension à M. de Cologne
de cent mil écus sa vie durant, assignée sur un fond solide et com-
mode non sujet à changement.

5.

Que **Monsr de Bavière** demeure, sa vie durant, [Gouverneur
général des Pays-Bas Espagnols, avec les appointemens convenables
à sa qualité pour le dédommager des pertes que son Pays a souffert
pendant cette guerre.

6.

Rendre au **Duc de Savoye**[4] ses États comme ils se trouveront, et
s'il a autre chose à prétendre, qu'il s'adresse à l'Empereur en faveur
et pour le service duquel il nous a fait la guerre, et non à la France
qui n'a pas sujet de se louer de la conduite qu'il a tenüe à son
égard.

7.

Les **Hollandois** nous ont fait la guerre sans aucun sujet légitime
que celuy de quelque altération prétendue au Commerce, et d'une
barrière imaginaire entre eux et nous. Or l'Espagne étant remise
dans son ancienne cituation, la Barrière leur sera rendue[5], et il n'y
aura plus qu'à remettre le Commerce d'eux à nous, et de nous à

---

1. Horbourg, à 3 kil. N.-E. de Colmar, sur l'Ill.
2. Maximilien II, électeur de Bavière, de la maison de Wettelsbach, succéda à son
père en 1679 et mourut en 1726; il gouvernait les Pays-Bas espagnols depuis 1692.
3. Le prince Joseph-Clément de Bavière, frère de Maximilien II; électeur de Cologne en 1688, mort en 1723.
4. Victor-Amédée, duc de Savoie en 1675, roi de Sicile en 1713, puis de Sardaigne
en 1720, abdiqua en 1730 et mourut en 1732.
5. La Barrière avait été instituée par le traité de Ryswick. Les principales places des
Pays-Bas espagnols avaient été remises à la garde des Hollandais. Au traité d'Utrecht,
ces places furent Tournay, Ypres, Menin, Furnes, Warneton, et le fort de Knock.

eux, à peu près sur le pied qu'il étoit dans les temps que nous étions satisfaits les uns des autres.

8.

Pour ce qui est des **Anglois** qui nous ont fait la Guerre de gayeté de cœur très injustement et sans aucun prétexte raisonnable, comme ils auront eu ce qu'ils demandent, ils n'auront plus rien à demander, que le Commerce que nous ne pouvons ni ne devons refuser à personne. La reconnoissance de la Reine d'Angleterre ne doit pas nous faire une affaire, non plus que la qualité de Roy au Prince de Galles[1] ne leur en doit pas faire une, puisque ne le reconnoissant pas pour tel, elle ne les oblige à rien, et que vray semblablement nous ne chercherons pas à les y forcer.

9.

Le **Duc de Mantouë**[2] de qui le Pays a beaucoup souffert de la Guerre présente, par s'estre jetté dans les Interests de la France, et avoir fait le devoir d'un bon allié, mérite que le Roy ne l'oublie pas dans ce traité, et que de plus il le gratifie d'une pension, sa vie durant, de deux à trois cents mil livres en déduction de ce que son Pays doit payer annuellement, cette pension éteinte par sa mort.

10.

Que le Commerce avec les Nations voisines et étrangères soit également permis aux uns comme aux autres, de bonne foy, sans fraude directe, ni indirecte en payant les droits tels qu'ils seront réglés et consentis de part et d'autre.

11.

Finallement comprendre toutes les Puissances souveraines qui le voudront bien, dans cette Paix, et la rendre générale autant que la chose pourra dépendre de nous; et afin qu'elle soit de durée, Chose nécessaire à tous, Régler tous les différents sur un pied raisonnable, qui contente à peu de chose près tous les Interessés, sans se prévaloir des avantages que les uns pourroient prendre sur les

---

1. Le prince de Galles, fils du roi Jacques II, né en 1688, connu sous le nom de Jacques III (depuis septembre 1701), était frère de la reine Anne, alors régnante; il mourut en 1766.
2. Le duc de Mantoue, Charles IV, avait vendu Casal à Louis XIV. Mis au ban de l'Empire après la bataille de Turin, il mourut le 5 juillet 1708. Avec lui s'éteignirent les Gonzague. Sa succession était très disputée. C'est l'empereur Joseph Ier d'Autriche qui garda le Mantouan, laissant au duc de Savoie le Montferrat.

autres par les différentes situations où on se pourra trouver, pendant la suite de cette guerre, étant certain qu'il est naturel de
demeurer en repos quand on n'a pas sujet de se plaindre, comme
il l'est de s'inquiéter quand on croit avoir été mal traité.

12.

Le Roy n'aura pas lieu d'en estre mécontent, parce que cet arrangement luy aura procuré une scituation, à laquelle nul de ses Pré-
décesseurs de la race des Capets n'a pû parvenir, Car de son règne
il aura ajouté à sa couronne, le Comté de Bourgogne, les Duchés
de Lorraine et de Bar, celuy de Luxembourg, l'Alsace toute
entière, la meilleure partie de la Province de Hainault, de la
Flandre, l'Artois, le Cambresis et le Roussillon, Toutes pièces atta-
chées à la France, et qui toutes ensemble pourroient former l'équivalent d'un très beau Royaume bien plus avantageux à la France,
que toute la Monarchie d'Espagne et des Indes ensemble, qu'elle
ne pourroit jamais posséder pacifiquement, ni sans des contesta-
tions infinies. Et quand même il se pourroit que la Guerre présente,
après bien des ruines et du sang répandu, en pourroit procurer une
jouissance paisible à son Roy, la France n'en tireroit que peu ou
point d'avantage.

PREMIÈRE RÉFLEXION

Sans doute que la plûpart de ceux qui liront cet Ecrit, ne le
trouveront pas de leur goût. Il le seroit encore moins du mien, si
la disposition universelle qui règne dans les affaires de l'Europe
paroissoit moins confuse et plus disposée à s'éclaircir, mais il faut
demeurer d'accord qu'on n'y voit goûte, et qu'il est bien difficile
de penser juste sur le succès d'une guerre où tout semble tendre à
un bouleversement général. De notre côté nous voyons des étin-
celles de Révoltes s'allumer dans beaucoup d'endroits de ce
Royaume, qui ne disparoissent que faute de chefs assez dignifiez
pour se mettre à la tête des mal-intentionnez, Disposition certainement dangereuse qui pourroit avoir de mauvaises suites. D'ailleurs, la misère extrême dont les peuples sont accablés, la levée
des soldats presque réduite à l'impossible, les Troupes sans discipline, les bons officiers extrêmement rares, les Provinces à demi
désertes, la culture des terres fort altérée, le commerce ruiné,

l'argent si rare, qu'on est obligé de se servir de monnoye de papier, et enfin tous moyens d'en avoir épuisés, à un point qu'on ne sait plus comment faire pour soutenir le courant, et de plus une Révolte considérable en Espagne, et à même temps un monde d'ennemis conjurés, sans que l'on voye rien qui puisse flatter nos espérances, doivent nous donner bien à penser. On me dira que l'Empereur n'est pas mieux en ses affaires, que la Révolte des Hongrois et des Bavarois qui déchirent et saccagent une grande partie de son Pays, et chez qui l'argent n'est pas moins rare que chez nous : cela est vrai, mais il est puissamment secouru par les Anglois et Hollandois et par tous les Princes et Estats de l'Empire[1], ce qui lui donne de grandes ressources, au lieu que nous ne sommes assistés de personne, que toute l'Europe est directement ou indirectement contre nous, et que nous nous consommons à soutenir une Monarchie ingrate dont la vaste étendüe a ses membres séparés en tant de Pays différents qu'on ne sait auquel entendre, ce qui nous épuise d'hommes et d'argent à un point qui ne se peut dire. La suite même (Supposez un succès tel que nous le pourrions désirer) n'en promet pas de grands avantages à ce Royaume qui n'en pourroit au plus profiter que par un peu plus de commerce, dont ils sauroient bien nous priver dès qu'il leur deviendroit à charge. Ajoutons que l'attention vive et obstinée que les Alliés ont à assister puissamment l'Empereur contre nous, fait que si les apparences ne sont pas tout à fait déclarées pour luy, elles ne paroissent pas lui devoir estre contraires, et il est certain qu'à la longue, il y a plus à espérer pour lui que pour nous, et ce d'autant plus que les Espagnols qui ont témoigné quelque estime pour nous dans les commencements, nous haïssent présentement à la mort, à cause des permissions que le Roy a données à plusieurs Marchands François d'aller négocier dans la mer du Sud, ce qu'ils considèrent comme un vol qu'on leur fait. Cela posé en fait, comme autant de vérités certaines, ne feroit-on pas mieux d'accrocher un traité aux conditions cy-devant, qui sont celles qui vraysemblablement toucheront le plus ceux qui aiment le repos de l'Europe, car je tiens qu'on peut les considérer comme les seules capables de produire une bonne et solide Paix? Je sais fort bien qu'il est dur à un grand Prince accoûtumé à vaincre et d'estre

1. Il le seroit encore sans doute par la Pologne et la Suède, si elles n'étoient pas en guerre l'une contre l'autre. V.

heureux en ses entreprises, de reculer et d'estre obligé à se relâcher de ses droits, notamment quand ils sont aussi bien fondez que ceux du Roy, et qu'on est en possession; mais il faut avouer que cette possession n'est rien moins que paisible Sa Majesté en acceptant le Testament du feu Roy d'Espagne en faveur de Monseigneur le Duc d'Anjou n'a pas prévu que non seulement les Espagnols ne feroient pas de grands efforts pour le maintenir, mais que toute l'Europe s'opposeroit à son exécution. C'est pourquoy je reviens à dire, que vu l'inégalité de nos forces, et le peu d'apparence que l'avenir nous rende plus heureux, on ne sçauroit mieux faire que d'acquiescer à ces conditions avant qu'un plus grand affoiblissement de nos forces en augmente la difficulté.

Louis 8, héritier présomptif de la couronne de France, fils de Philippes Auguste et Père de Saint-Louis, fut élu et couronné Roy d'Angleterre, dont il prit possession avec aplaudissement des grands et des petits, mais les Anglois quelque temps après s'étant dégoûtezde lui, il fut obligé d'abandonner et de s'en revenir en France sans en retenir seulement le titre[1]. Il n'y a guère de Royaume dans le Monde où cela soit arrivé plusieurs fois. Ainsi le Roy ne s'en doit pas faire une affaire, ni l'interest seul de Monseigneur le Duc d'Anjou, prévaloir sur celuy de toute la France, dans un temps que tout le Royaume, pour ne pas dire toute l'Europe, est dans une véritable souffrance à son occasion.

La France a des Bornes naturelles au delà desquelles il semble que le bon sens ne permette pas de porter ses pensées. Tout ce qu'elle a entrepris au delà des deux Mers, du Rhin, des Alpes, et des Pyrénées, luy a toujours mal réussy; ses intérêts sont naturellement opposés à ceux d'Espagne et c'est directement travailler contre nous, que de soutenir cette dernière dans l'étendue de sa Puissance. Car que la Paix se fasse aujourd'hui ou demain, et que toute la Monarchie d'Espagne soit conservée à Philippe 5, il ne se passera pas dix ans qu'elle ne rentre dans ses vieux intérêts toujours opposés aux nôtres. D'ailleurs les Parentez entre Souverains sont de foibles liens quand il y va de leurs intérêts; c'est toujours par ceux là qu'ils se gouvernent, cela s'est vû dans tous les temps chez toutes les nations, chez tous les Princes, même chez ceux du sang Royal de France qui sont devenus souverains. La Branche

1. Mezeray dit qu'il leur renvoya leurs otages, et renonça à tout moyennant une bonne somme d'argent. V.

de Dreux, issuë de Louis le Gros, ne fut-elle pas contraire à la France dès qu'elle fut souveraine de Bretagne ? Celle de Bourgogne qui commença par Philippes le Hardy et finit par Charles le Belliqueux, ne fut-elle pas aussi toujours opposée à la France tant qu'elle a subsisté, et même d'une façon cruelle et barbare, qui pensa la faire tomber entre les mains des Anglois. Ils étoient cependant premiers Princes du Sang de la branche de Valois[1], et si elle avoit subsisté, la couronne leur eut appartenuë par le droit de la naissance, par préférence à la Famille de Bourbon. Ce n'est donc point à la proximité du sang qu'il faut s'arrêter, ni à l'intérêt d'un seul, qui ne çauroit tomber que sur ses pieds, mais au bien général de ce Royaume, et de toute la Chrétienté, qui a déjà tant souffert par d'autres guerres et par la présente, que supposé qu'elle réussisse selon nos souhaits, le mieux qui nous en puisse arriver, est que l'Espagne nous sera toujours à charge par le soutien des querelles ; à quoy tant de grands États, si écartés les uns des autres, nous obligeront d'autant plus étroitement, qu'Elle n'aura plus d'autres Alliés que nous, ce qui ne pourroit manquer de causer un affaiblissement très considérable à ce Royaume, au lieu d'en augmenter les avantages.

Voilà ce qui m'est venu à l'esprit sur l'état des affaires présentes. Fasse le Ciel que je puisse voir une Paix sólide et bien établie sur de tels principes.

DEUXIÈME RÉFLEXION

Supposé que ce Projet pût avoir lieu, il me parait que tous les Intéresséz auroient sujet d'en être contens,

La **France**, parce qu'elle se trouveroit acruë de quantité de grande Provinces jointes les unes aux autres et toutes contiguës à son ancien Domaine, et par conséquent aisées à défendre et soutenir,

L'**Empereur**, parce qu'il verroit sa Maison rétablie dans son ancien Domaine malgré la disposition du dernier Roy de sa Famille, et même des Grands et des Peuples de ce Royaume, et cela par le

1. Au temps de Charles VII et de Louis XI, les princes de la Maison de Bourgogne n'étaient pas, comme l'indique ici Vauban, « premiers princes du sang » ; ils ne venaient qu'au sixième rang (Voir *Jeanne d'Arc et Philippe le Bon*, par M. Ludovic Drapeyron, *Revue de Géogr.*, nov. 1886, pp. 328-320).

bonheur de son Règne d'une manière aussi avantageuse que s'il les avoit nouvellement conquis.

Les **Anglois** et **Hollandois**, parce qu'ils seroient parvenus à leurs fins, qui est d'empêcher que les François ne joignent indirectement cette vaste Monarchie à la leur qui les rendroit trop puissants et en état d'en imposer au reste de la Chrétienté. Il y a plus que cela : l'intention tacite qu'ils ont de partager le commerce des Indes avec l'Espagne, qui est le motif secret qui les porte à nous faire la guerre avec tant d'obstination; c'est de quoy ils n'ont garde de se vanter présentement, mais la chose parle d'elle même, et il est aisé de juger que c'est bien moins l'envie de faire plaisir à l'Empereur et à l'Archiduc, que de se procurer une facilité de prendre des scituations avantageuses en Amérique, au moyen desquelles ils puissent avoir un Commerce direct aux Indes, chose qu'ils ne manqueroient pas de demander hautement, si l'Archiduc pouvoit tant faire que de parvenir à la couronne d'Espagne, cela en dédommagement des efforts et des dépenses qu'ils auroient faites pour le rétablir sur le trône de ses Ancêtres, ce qu'ils appuyeroient vivement, et ne manqueroient pas de le prendre de force s'ils ne pouvoient l'obtenir autrement, sans que le Roy d'Espagne pour lors régnant, les en pût empêcher; car où seroient les forces navalles capables de s'opposer aux leurs? Certes il n'en paroît point, et il se pourroit fort bien faire qu'il perdroit les Indes en tout ou en partie, et qu'il deviendroit par ce moyen l'un des plus pauvres Rois de la Chrétienté, avec toute la vaste étendue de ses États, qu'il ne conserveroit apparemment pas longtemps après la perte des Indes, parce que les principaux moyens de les soûtenir, qui sont les hommes et l'argent, lui manqueroient.

Les mécontentements personnels de la Reine d'Angleterre finiroient, puisqu'elle seroit reconnue pour telle de la France et que l'impuissance du Roy son frère la mettroit à couvert de toutes les inquiétudes qu'elle pourroit avoir lieu de craindre de sa part.

Les Hollandois de leur côté auroient lieu d'estre contens de toutes les manières, puisqu'outre les prétentions cy-dessus qu'ils auroient communes avec les Anglais, ils auroient cette Barrière si désirée entre eux et nous, telle qu'ils l'avoient avant la mort du feu Roy d'Espagne.

Monsieur de Savoye, pouvant être remis dans la pleine possession de ses États, par l'échange des Électorats de Bavière et de Cologne, auroit tous les contentemens qu'il peut raisonnablement espérer du succès d'une guerre où il s'est embarqué de mauvaise Foy, par pure animosité contre nous, et contre ses véritables intérests.

Mrs les Electeurs de Bavière et de Cologne auroient lieu de l'estre par les dispositions cy-devant énoncées en leur faveur, et par la restitution entière de leurs États.

Et **Mr de Mantouë** aussi, parce qu'il jouiroit de tous ses États en entier, et d'une grosse Pension.

Le **Roy d'Espagne**, que je devois nommer le premier, seroit sans doute celuy qui auroit le moins de sujet d'en estre satisfait, vu que cette Paix le feroit descendre d'un Trône fort élevé pour reprendre la qualité de Duc D'Anjou : mais cette qualité qui ne lui laisse voir qu'une seule Teste au dessus de la sienne le met à même temps à portée d'un autre trône plus grand et plus stable que celuy qu'il auroit quitté, auquel il n'auroit pû parvenir ni luy ni ses descendans, s'il demeuroit paisible possesseur de celuy qu'il auroit quitté.

On pourroit douter que les voisins du Théâtre de la Guerre, sur les terres desquels les Armées des deux partis ont un peu fouragé, eussent les mêmes raisons de contentement; mais outre qu'ils nous ont été assez mauvais voisins, ils ont tant eu de notre argent, que l'un peut raisonnablement passer pour l'autre.

On peut donc avec raison conclure que s'il y a un moyen de procurer une Paix ferme et stable à la chrétienté, c'est vray-semblablement celuy-cy.

RAISONS DE CETTE PROPOSITION

L'Etat de nos affaires ne semble pas nous promettre rien de meilleur, eu égard : à la situation du Royaume très épuisé d'hommes et d'argent; aux dépenses effroyables que la bizarrerie de cette guerre tout à fait étrangère et éloignée de notre Pays nous coute par les hommes et l'argent qu'elle en fait sortir, qui n'y rentrent pas : à l'intérest que toutes les Puissances de l'Europe y prennent, qui ne veulent pas que l'Espagne soit dominée par un Prince de la Maison de France, de peur qu'il ne se forme une union trop étroite de ces grands États capables d'absorber les autres, Considération qui leur cause une attention si générale et si vive, que si la Suède et la Pologne n'étoient pas engagés dans une Guerre qui les a mis aux mains depuis 4 ou 5 ans[1], il y a beaucoup d'apparence que leurs armées se joindroient à celles des autres Nations pour en traverser la possession à Philippes 5ᵉ. D'ailleurs les Intérest de la France et de l'Espagne ne conviennent pas, et il n'y a guères d'apparence qu'ils conviennent jamais, car il n'est pas de celuy de la France que la Monarchie d'Espagne subsiste en son entier comme elle est, ni qu'elle conserve tous ses grands États détachés qui lui ont tant donné d'inquiétude et de jalousie, aussi bien qu'à la plupart des autres Puissances de la Chrétienté, notamment ceux qu'elle tient en Italie et aux Pays-Bas ; attendu que si en bonne Politique la France ne doit pas posséder un pouce de terre au delà des Monts, il est de son intérest que les Allemands et les Espagnols n'y possèdent rien non plus, et que le mieux qui puisse arriver à la Chrétienté, est que ces trois puissances soient bannies de l'Italie, et n'y tiennent rien du tout ; mais l'Espagne qui veut conserver tout ce qu'elle a, n'en conviendra pas, et mettra tout en œuvre pour se conserver la jouissance de tout ce qu'elle y possède. Cependant à considérer les choses par rapport à son repos et à celuy de ses voisins, il est évident que le mieux qui luy pût arriver, et à toutes les puissances de la Chrétienté sans en excepter aucune, seroit que chacune d'elles se renfermât chez-soy dans les Bornes que la Nature leur a prescrites ; et qu'aucune ne fut ni ne put estre en état de troubler ses voisins.

Sur ce pied il seroit à désirer :

Que la **France** se pût borner par l'étendue des anciennes Gaules, c'est-à-dire par les sommets des Alpes, du Mont Jura, des Suisses, des Pyrennées, du Rhin et des deux Mers, sans jamais outre passer ces Barrières pour quelque raison que ce pût estre ;

Que l'**Espagne** se renfermât dans l'étendue des Espagnes, compris le Portugal et les Indes, et qu'elle se défît, par des échanges avec la couronne de Portugal, de Naples, de Sicile et Sardaigne, et

---

1. Vauban parle ici de la coalition de la Russie, de la Pologne, de la Saxe et du Dannemark, contre la Suède. Au moment où ce mémoire était composé, Charles XII, vainqueur de Pierre le Grand à Narva (1700), des Saxons à Pultusk (1703), etc., avait fait donner le trône de Pologne à Stanislas Leckzinski (12 juillet 1704), qui avait été récemment couronné à Varsovie, en sa présence (4 octobre 1705).

du Duché de Milan par un autre échange contre la Lorraine et le Barois en faveur de la France, pour la dédommager en quelque façon des dépenses immenses qu'elle a faites pendant cette dernière guerre et la récompenser de la Cession pure et simple qu'elle feroit de ses droits sur cette monarchie; qu'elle se défît des Pays-Bas en faveur de M. de Bavière ou du Duc de Lorraine en donnant à celuy-là le Duché de Milan, ou l'érigeant en République, après l'avoir tronqué de partie de ses dépendances au profit de M. de Savoye, pour les fins que nous dirons cy-après;

Que l'**Allemagne** se renfermât toute dans soy sans chercher à s'étendre davantage, si ce n'est du côté des Turcs;

L'**Angleterre** dans ses trois Royaumes qui, tous ensemble, luy forment un État qui, étant bien uni, n'a aucune Puissance Étrangère à craindre, telle qu'elle puisse estre;

La **Hollande** dans ses bornes, qui pourroient être rétrécies de tout ce qu'elle possède en Flandre et en Brabant, sans que cela lui portât aucun préjudice; bien au contraire, elle s'épargneroit bien des dépenses dont elle se pourroit fort bien passer.

Le **Danemarck** et la **Suède** sont assez bien limités; et quand ils se renfermeroient dans leurs bornes naturelles, ils ne seroient que bien pour leur repos.

Il seroit encore à désirer que la **Pologne** fût tranquille, et qu'elle et la Suède pussent, de concert, un peu étendre leurs limites chacun devant soy, aux dépens de la Moscovie, pour se mettre un peu plus à couvert des entreprises de ces Barbares.

Et s'il se pouvoit former une Monarchie de la **Hongrie, Transylvanie, Moldavie, Valaquie, Croatie, Servie, Bulgarie,** etc., joints ensemble, qui fût bien affermie[1], cela produiroit par les suites un excellent Boulevart à la Chrétienté contre les Turcs; mais ces pays qui sont dépeuplés, auroient besoin d'un grand temps, et d'une longue et profonde Paix pour se bien remettre.

Quant aux Souverainetés particulières qui partagent l'Allemagne et l'Italie, elles seroient telles qu'elles devroient estre si le Milanois et les Royaumes de Naples, Sicile et Sardaigne avoient chacun leur souverain particulier.

Voilà la raison générale qui intéresse toutes les Puissances de la Chrétienté, par rapport aux Souverains qui les possèdent, dont

1. Cela est bien plus à désirer qu'à espérer. V.

2

quelques-uns pourront prétendre de n'y pas trouver leur compte, mais il est certain que tous ces États en général s'en trouveroient incomparablement mieux qu'ils ne sont, si chacun d'eux revenant à la droite raison, demeuroit dans les bornes naturelles qui semblent leur avoir été réglées par l'auteur de la Nature dès le commencement du Monde, et que ne se laissant point prévenir par de fausses idées et de vaines prétentions, qui les tirent hors de leur état naturel et ne leur produisent que des guerres ruineuses qui les épuisent, ne sont bonnes qu'à leur causer bien de l'inquiétude, les commettre eux et leurs États à de grands dangers et à l'accablement des Pays que Dieu a commis à leur conduite, en les exposant à toutes sortes de maux et de misères.

Pour revenir présentement aux raisons particulières de ce Projet en ce qui regarde la France, comme il est très important que notre Frontière soit unie, bien arrangée et sans enclaves, qui pour l'ordinaire sont très incommodes, et bonnes à causer des affaires et attirer des procès qui ne se décident qu'à coups d'épée, il serait sans doute à désirer que, *Beaumont*, petite Ville scituée entre Maubeuge et Philippeville qui a titre de Comté avec une dépendance de dix Villages, nous fût cédée par ce Traité. Nous l'avons déjà longtemps possédée; Elle est très nécessaire pour la communication de Maubeuge à Philippeville et Charlemont.

Chimay est une autre petite Ville à titre de Principauté que nous avons aussi possédée longtemps, et dont nous n'avons été privés que par le Traité de Riswick. Elle a une dépendance de 24 villages, et forme une espèce d'enclave nuisible dans notre Frontière qui avoisine Rocroy de trop près. C'est pourquoi il est nécessaire de la faire revenir par le même Traité, parce qu'elle nuit aussi à la communication de Maubeuge, et à celle de Philippeville à Rocroy.

La dépendance de *Charlemont* ayant été très mal réglée par ce Traité, ceux qui seront employés au prochain Congrès qui se fera pour la Paix, pourront s'en faire instruire plus à fond, et s'en faire donner des Cartes bien intelligibles, par où ils verront que non seulement le dernier Traité a beaucoup diminué sa dépendance, mais qu'il a fort mal arrangé celle qui lui est restée, puisqu'il y a des Villages sous la portée du canon appartenant à l'Espagne, et d'autres à nous appartenant enclavez dans leurs

Terres à trois ou quatre lieues de là ; ce qui me paroît d'autant plus mal entendu qu'une Place de guerre ne peut ni ne doit empêcher les paysans du voisinage d'y porter vendre leurs denrées, puisque ce sont eux qui fournissent ses marchés et lui apportent ses besoins. Cependant ces gens voyent assez ce qui s'y passe, et ce qui s'y fait, s'ils ont un peu de curiosité, pour savoir à dix hommes près la force des gardes et de la garnison. Ils voient, si bon leur semble, entrer et sortir les partis et les escortes, savent à peu près ce qu'il y a de vivres et de munitions dans la Place, et y voient faire les Revues, et enfin tout ce qui entre et sort ne leur peut être inconnu quand ils ont bien envie de le savoir, et ainsi ils peuvent en donner avis aux Ennemis sans qu'on puisse découvrir d'où cela vient, chose très désagréable et encore plus dangereuse, parce qu'elle donne grand avantage à l'Ennemy, qui de cette façon est informé de tout ce qui se passe dans nos Places à peu de frais. C'est pourquoy je suis d'avis d'arranger la dépendance de ce Gouvernement et des autres, avec plus de soins, et d'en mieux choisir les Villages de manière qu'ils ne soient qu'à une, deux, trois à quatre lieues éloignés des Places sans aucun mélange d'autres qui ne soient pas de leurs dépendances.

Echanger les Terres franches de *Fumay* et *Revin* et leurs dépendances s'ils en ont, contre quelque équivalant, qui soit à la bienséance de Mr de Trèves ; sinon s'en saisir dans les besoins, et lui en payer le Revenu, attendu qu'il y a des Bureaux dans ces lieux qui prennent droit de fouiller les Bateaux du Roy qui descendent la Meuse comme les autres, au moyen de quoi ils ont connaissance de ce qui se voiture dans Charlemont et Givet, soit pour elle, ou pour les Armées, et peuvent en donner avis aux Ennemis, ce qu'ils ne manquent pas de faire ; c'est pourquoi il est d'une extrême conséquence de leur ôter le moyen de ces connoissances, ce qui ne se peut jamais mieux que par les acquérir tout à fait par un accommodement, éloignant de nos places tout ce qui ne leur est pas soumis à deux trois à quatre lieues à la ronde, et leur établissant des dépendances de 30 : 40 : 50 Villages pour fournir aux marchés et aux corvées d'hommes et de charois, dont elles ont assez souvent besoin, aussi bien que des bléds et fourages que ces Villages peuvent leur fournir pour de l'argent sans s'incommoder quand le Gouvernement a une étendue raisonnable et proportionnée à celle de la Place.

La province de *Luxembourg* nous convient parfaitement, parce qu'elle fait communiquer la Lorraine, les Évêchés et le Duché de Bar avec la partie du Hainaut qui nous appartient. De plus elle couvre la Meuse (méchante rivière très mal armée), la Champagne et les Evêchés, &ᶜ. Elle ajouteroit une étendue considérable à notre Frontière, car cette Province quoique mauvais Pays, est grande et contient beaucoup de bois et de fourages.

La *Lorraine* et le *Barrois* sont de fort bons Pays, de peu de commerce à la vérité, mais à qui on en pourroit procurer. Les blés, les vins, les bois, les fourrages, et toutes sortes de bestiaux y croissent en abondance. Tous ces Pays sont bien traversés de Rivières qui se peuvent aisément rendre navigables d'une grande étendue, extrêmement mêlez avec les Evêchés, et environnés du Luxembourg, de l'Electorat de Trèves, de l'Alsace, du Comté de Bourgogne et de la Champagne. Ils ne peuvent pas être mieux scitués pour la communication de ces grandes Provinces, les unes aux autres ; ce sont de très belles pièces à ajouter à notre manteau à raison de leur contiguité avec les Pays qui nous appartiennent, dont elles sont presque enveloppées par tout.

Il nous faut l'*Alsace* toute entière haute et basse, le *vieux Brisack* et le *fort de Kéel*[1], *Huningue* deçà et delà le Rhin, le *Fort Louis, Landau*, le *grand Baillage de Ghermessem*, le razément de *Philisbourg*. Et pour n'avoir pas d'Etrangers mêlez parmi nous, il est nécessaire que le *Comté d'Horbourg*[2] et la *Principauté de Montbelliard*, qui a toujours relevé du Comté de Bourgogne jusqu'au Traité de Riswick, soit reünie : savoir la Principauté au dit Comté de Bourgogne et le Comté de Horbourg à l'Alsace. Cette mouvance ne nous est échappée que par notre faute et pure nonchalance. J'ay de bons Mémoires en main, bien instructifs, qui prouvent que la dite Principauté a toujours relevé du Comté de Bourgogne. Elle nous est d'autant plus nécessaire, que le Montbelliard barre absolument la communication de cette Province dans la haute Alsace.

Après cela je n'ai plus rien à dire, si ce n'est qu'il nous seroit d'une grande conséquence d'ajouter la *Savoye* et le *Comté de Nice* à la France en procurant quelque équivalent à Mʳ de Savoye au delà des Monts, soit du Montferrat, si Mʳ de Mantoue mouroit sans en-

1. Lisez Kehl. C'est le fort qui couvre le pont en avant de Strasbourg.
2. Horbourg reconnait la Souveraineté du Roy. V.

fants, ou en démembrement de partie du Duché de Milan. Le Roy
a des prétentions bien fondées sur la *Baronnie de Faussigny*[1] et sur
le *Comté d'Ast*[2] qu'on pourroit faire valoir. Pour le Comté de Nice,
on sait que c'est un Engagement fait au Comte Vert de Savoye[3] par
une Reine de Naples, qui fut donné pour un morceau de pain, c'est-
à-dire pour très peu de chose, auquel le Roy peut revenir quand il
lui plaira. A la vérité le Revenu n'en est pas considérable, et peut
à peine suffire à payer les charges, mais cette pièce en deçà des
Monts nous serait un pré quarré d'une convenance très utile à cause
de la Province de Dauphiné.

Je ne vois rien à faire du côté des deux Mers, que la fortification
de nos Ports, et les descentes plus exposées, mais il n'y a rien là de
contesté.

Du côté d'Espagne il y a un petit château qui lui appartient vers
les sources de la Garonne appelé *Castel-Léon*[4] qui est trop en deçà,
Il faudroit l'acquérir et le comprendre dans le Traité avec sa dépendance, moyennant quoi et l'acceptation du Contenu en cette Proposition par les Alliés. Je serois d'avis que la France renonçât absolument et pour jamais au Bénéfice du Testament de Charles 2e et à
tous les droits que nous pourrions avoir en Espagne, de prévenir,
autant qu'il est possible à la raison humaine, tous sujets de querelles avec les Voisins. Et pour en éloigner les prétextes, convenir
de la manière que nous pourrons commercer avec eux, et s'en tenir
religieusement à l'observation de ce Traité, qui seroit capable, en
faisant très bien les affaires de ce Royaume, de procurer à même
temps, et par les mêmes voies, un long repos à toute la Chrétienté.

CONCLUSION DE CE MÉMOIRE

Si cette Proposition avait lieu, tous les États voisins n'en seroient
que mieux. Et il est certain que la Scituation où cela les mettroit,
leur feroit trouver un Repos qu'ils ne connoissent point. Bien des

---

1. Lisez Faucigny, aujourd'hui département de la Haute-Savoie, arrondissement de
Bonneville.
2. Asti, dépendance du duché de Milan, fit partie de la dot de Valentine Visconti.
Cédé par la France en 1529 à Charles Quint, il fut dévolu ensuite au duc de Savoie.
3. Amédée VI de Savoie régna de 1343 à 1383, et fut surnommé le comte Vert à
cause de son armure et d'une livrée verte qu'il porta dans un tournoi.
4. Le château de Castelléon, dans le pays d'Aran (Espagne), était le chef-lieu féodal
de la vallée; il fut détruit en 1719 par les Français. C'est là que les deux Garonnes
opèrent leur confluent.

gens n'en conviendront pas, et moins Sa Majesté catholique qu'aucun autre, puisqu'elle lui suppose une abdication de la plus
grande Monarchie du Monde, dont il ne peut être que très fâcheux
d'avoir à se dessaisir : ce qui ne peut et ne doit aussi arriver, à
moins que, par une heureuse obstination de la part des Alliés et le
mauvais état de nos affaires, nous ne tombions dans une foiblesse
incapable de l'empêcher de succomber et nous aussi, sans quoi il
est vrai de dire que cette Proposition seroit très absurde; mais
supposé que cela pût arriver, il en faudroit tirer le meilleur parti
qu'on pourroit. On n'ignore pas que cette abdication du Roy d'Espagne ne fût un des plus cruels malheurs qui pût arriver à ce Grand
Prince qui a pris possession de cette Monarchie, non par droit de
conquête, ni par violence, mais du consentement général de tous
les États de ces Royaumes qui, en exécutant les intentions de leur
Roy dernier mort, ont mis celui-ci sur son trône de leur plein gré
avec toutes les solennités requises, et l'applaudissement général
de tous les Peuples sans la moindre opposition, tant la justice de
son choix étoit bien établie; aussi est-elle fondée sur des droits
incontestables.

Mais supposé enfin une Révolution aussi monstrueuse et extraor-
dinaire que celle que ses Ennemis tâchent de lui susciter, il ne
seroit pas le Centième de cette qualité à qui pareille infortune
seroit arrivée, avec cette différence, que celle-cy ne seroit pas mor-
telle parce qu'il ne pourroit tomber que debout, en se réduisant à
devenir la 2ᵉ Personne d'un grand Royaume à qui il doit sa naissance, et dont il sera naturellement héritier présomptif, tant que
Monseigneur le Duc de Bourgogne n'aura point d'enfant mâle. Il
auroit même la consolation, pour son pis aller, de lui avoir procuré
l'un de ses plus beaux fleurons, d'autant plus considérable, que
son addition au Corps de la Monarchie Françoise contribueroit
beaucoup au soutien et à l'arrangement de quantités d'autres parties
qui ne le sont pas moins. D'ailleurs les États de cette même couronne (je veux dire de la nôtre) priment sur ceux d'Espagne en
tout et partout, parce qu'étant tous unis et ne composant qu'un
même Corps, peuplés de même Nation qui parle même langage, et
Gouvernés par mêmes Loix, sont bien d'un autre mérite pour leur
Roy, que l'Espagne qui à raison de toutes ses pièces séparées par
de si grands espaces les unes des autres et des différentes Nations
dont ils sont peuplées (la plupart desquelles ne s'entendant pas) et

qui plus est, toutes éloignées du principal Corps de la Monarchie, ne sauroient se maintenir sans une grande condescendance des Voisins qui n'est pas toujours certaine, et avec de grandes complaisances de la part du Maître envers les Sujets, spécialement les éloignés, qui ne sont pas toujours ce qu'il lui plaît, et dont il ne peut disposer qu'avec beaucoup d'égards qui l'assujettissent souvent à des conditions assez rudes. L'Espagne est d'ailleurs affoiblie d'hommes et d'argent à un point qu'on la peut comparer en l'état qu'elle est, à un Corps cacochîme usé et plus qu'à demi ruiné, qui ne pouvant plus se soutenir de lui-même, a besoin de l'appui de ses Voisins. C'est donc un Corps mourant qui rend l'agonie, qui vraisemblablement ne subsistera pas longtemps sans se disloquer et tomber par pièces et morceaux; on peut augurer le contraire de la France, spécialement si elle étoit augmentée des Provinces énoncées dans cette Proposition. Car l'union de toutes ces pièces à ce Royaume sans aucune séparation, rendroit leur soutien facile par la proximité des secours des uns aux autres, et tout le corps de sa Monarchie très respectable par la fertilité générale de son Pays, par son grand Commerce, par le nombre et la qualité de ses Manufactures, et mieux que tout cela par le grand nombre des Sujets qui l'habitent, de toutes conditions, capables de mettre promptement de grandes Armées sur pied de leur crû, de les très bien entretenir sans le secours des Voisins, et de les porter promptement partout où les besoins pourront les appeler sans rien trouver qui puisse retarder leur marche. Or, on ne peut pas disconvenir que la Monarchie d'Espagne ne soit bien éloignée de semblables avantages. Supposant donc que Philippes 5e fut obligé d'abdiquer, il se pourroit fort bien sans miracle, que sa chute (au lieu de luy être fatale) pourroit luy devenir glorieuse, et très avantageuse à la France, si les choses pouvoient prendre le chemin indiqué par cette Proposition, et le Roy en ce cas, pourroit luy donner les Revenus de la Lorraine et du Barois en Apanage sa vie durant, outre ceux qui luy étaient cy-devant destinéz; ce qui le mettroit à son aise et fort au-dessus de ses besoins.

Tournons présentement la Médaille, et voyons ce qui pourroit consoler la France de cette abdication, et même luy faire désirer. Il ne faut point attendre que l'on soit forcé à l'abandon de l'Espagne, mais en prévoir la chute, en nous emparant des Places sur lesquelles nous pourrions mettre la main, qui nous aideroient par les suites à convenir avec eux. Cela ne paroît pas impossible, mais il faut avant toutes choses commencer : 1° par nous convaincre du péril où nous sommes; 2° de l'avantage que la France y pourroit trouver.

Si, d'un côté on considère l'acharnement des Alliés, encouragés par la Révolte de la Catalogne et du Royaume de Valence, par la guerre de Portugal, par le peu d'inclination qu'il paroît dans toute l'Espagne pour les François, par la supériorité des Armées navalles ennemies qui sont et seront toujours maîtresses de la mer, par l'extrême foiblesse de cette Monarchie et par le peu d'effort qu'elle fait pour se maintenir, et que nous comparions tout cela à l'État de la France qui seule la soutient, nous trouverons que celle-cy est aussi épuisée d'hommes et d'argent à un point qui la réduit dans un état de faiblesse à la mettre en danger de succomber, d'autant qu'elle renferme dans soy un nombre infini de gens ruinés et par conséquent mécontents, qui ne souhaitent que changement, un grand nombre de nouveaux convertis, qui ne le sont qu'en apparence et qui ne désirent rien tant que de voir le feu bien allumé aux quatre coins et au milieu du Royaume. Ajoutons-y un nombre de Fanatiques ou plutôt d'enragés[1], qui n'attendent que le secours promis par les Ennemis pour lever la tête et se révolter de nouveau. Que si pour continuer à éclaircir plus à fond le mauvais état où nous sommes réduits, on jette les yeux sur celuy des Troupes, on trouvera qu'il n'y a plus de discipline, que toutes les levées sont forcées, que le soldat ne tient point, que toutes les fois qu'il trouve occasion de déserter, il ne la manque pas, et s'il y en a qui ne le font point, ce n'est que par savoir où aller. L'Officier de son côté est dans une nonchalance extrême; on ne remarque plus en lui ces grands empressements qui le faisoient voler aux actions d'honneur ; ce n'est plus cela, mais un certain abattement qui ne marque que de foibles désirs et peu de volonté; chacun attend que son devoir le vienne chercher; on ne voit plus aller au devant, et rien de tout ce qu'on appelle Envie de bien faire, ne paroît plus, ou paroît peu.

Nous sommes pleins d'Officiers Généraux; jamais on n'en vit tant, et on peut dire qu'il y en a beaucoup plus que le nécessaire; mais il y en a peu de bons, et encore moins de propres à faire de bons Généraux d'Armée.

1. L'insurrection des Camisards dans les Cévennes, 1703-1704, qui sembla se réveiller en 1705-1706.

Pour ces Généraux, je n'en dis rien, chacun peut voir où nous en sommes.

Non seulement les Gens de guerre sont aujourd'hui mal composés et sans discipline, mais ceux qui occupent la tête des Corps, sont presque tous jeunes gens sortant du Collège ou de l'Académie, sans expérience, qui de longtemps ne seront en état de mettre leurs troupes sur le bon pied. Ils ne songent pas même à se donner beaucoup d'application pour cela. Enfin le désordre ne consiste pas seulement à de simples Relâchemens, mais encore à tout ce qui peut contribuer à les rendre plus mauvaises. On pille jusques sur les Routes qu'on vend à beau denier comptant, sur les Reveuës, sur le Pain, sur les Fourrages, sur les Hôpitaux, sur la Paye des Troupes et généralement sur tout ce qui peut augmenter la mésaise des Troupes; et tout ce qui se peut trouver à porter d'une main adroite, n'est pas épargné, pourvu qu'il en vaille la peine, et cela impunément sans qu'on chatie personne, ni même qu'on y prenne garde de fort près.

C'est en partie ce qui cause tant de gueuserie parmi les Troupes, et qui d'un autre côté enrichit tant de gens indignes aux dépens du Roy et des mêmes Troupes, car il suffit d'avoir fait les vivres, 5 ou 6 campagnes, pour être riche à millions, de même que d'avoir été Entrepreneur des Fourrages, Directeur des Hôpitaux, Entrepreneur de la Fourniture des Places, des Armes, ou Receveur des Contributions et Confiscations; non seulement tous ceux qui occupent la Tête de ces sortes d'affaires, s'enrichissent en fort peu de temps, mais on peut dire que tout ce grand nombre de Commis qu'ils emploient, n'y font pas moins mal les leurs, et qu'aucun d'eux ne s'y appauvrit. Tout cela n'est encore rien à comparaison du ravage que tant de différentes impositions arbitraires causent dans le dedans du Royaume, où le mal est si universellement répandu et dans un tel excès qu'on peut dire, que de trois ou quatre millions de familles dont tout le Corps de son Peuple est composé, on auroit bien de la peine d'en démêler un milier qui soit un peu à leur aise, encore ne sont-ce que ceux qui sont dans les affaires, et qui se gorgent du sang de leurs Concitoyens. Et hors ceux que le Roy soutient par les charges, grosses Pensions et gratifications continuelles qu'il leur donne, quelques gens de Robe peu nombreux, très peu de Noblesse, et quelques marchands en très petit nombre, tout le reste grands et petits (car aucune condition n'en est exempte) sont misérables, qui plus qui moins, notamment le peuple de la Campagne, qui est comme la Bête de Somme qui porte les plus gros fardeaux dont elle est accablée; aussi n'a-t-il plus que les os et la peau, et tout lui manque, jusques aux aliments les plus grossiers, de sorte qu'il est réduit à la faim, à la soif, à la nudité, au chaud, au froid, à la prison et à la mendicité, et enfin à la mort, qui sollicitée par tant de misères ne manque pas d'arriver plutôt que le terme qui lui avoit été prescrit par l'Auteur de la Nature.

Voilà à quoi nous en sommes par le malheureux enchaînement des guerres qui n'ont fait, depuis 40 à 50 ans, que se succéder les unes aux autres. Il faut ajoûter à ce que dessus, que notre Frontière est foible et en méchant état, le TRAITÉ DE RISWICK nous l'ayant absolument désarmée de ce qu'elle avoit de meilleures Places au profit des Ennemis, en nous obligeant au rasément de la plûpart des autres, si bien que quoy qu'on ait plus travaillé aux Fortifications de ce Règne-ci, qu'on a fait en douze autres, cela ne veut pas dire que nos Frontières soient en bon état; bien au contraire, je les trouve très mauvaises, parce que nous n'avons pas une seule Place qu'on puisse dire totalement achevée.

Du côté de la Lorraine, nous nous sommes défaits de Bitche et d'Hombourg, deux excellentes petites places, de Nancy et de Mont-Royal, toutes deux grandes belles et très bonnes. En Alsace, de Philisbourg, du Fort de Kéel, du vieux Brisack, et de toute la partie d'Huningue qui est au delà du Rhin. En Luxembourg de l'excellente place de ce nom, qui nous couvroit tous nos défauts de la Meuse et des Évéchés et même de la Champagne. La Meuse très mauvaise rivière, est désarmée par le rasément de Mouzon, Stenay et Donchery. Sedan et Mézières sont de bonnes places, mais très imparfaites, et la frontière est là réduite à une seule ligne. L'excellente Forteresse de Mont Royal[1] sur la Moselle a été rasée, aussi bien que deux ou trois autres bons châteaux et petites places

---

1. *Montroyal*, place forte entre les villages de Trabon, Risbach et Litzig, construite de toutes pièces par Vauban de 1687 à 1692 et démolie à la suite du traité de Ryswick. Elle était située sur une roche, dans une sorte de presqu'île formée par la Moselle, presque à égale distance de Trèves et de Coblentz et faisait partie de la principauté de Valdentz dont la réunion avait été décrétée par le parlement de Metz. « Ce poste, disait Louvois, mettra les frontières du roi en telle sûreté, et les électeurs de Cologne, de Mayence et le Palatinat en telle dépendance, que cette frontière sera meilleure et plus aisée à défendre que n'est celle des Flandres. »

en son voisinage assez bien fortifiés avec beaucoup de dépenses, et le tout par les mauvais offices de ce malheureux Traité de Riswick, le plus honteux à la France qu'elle ait jamais fait.

Les trois villes des Évéchéz ne sont qu'à demi fortifiées. Belfort est une petite Place non achevée ; Besançon, Salins, le Châteaux de Joux, et les forts de St André et le Château-Belin[1] ne sont point parfaits, il s'en faut bien ; Phalsbourg ne l'est pas assez pour qu'il n'y ait encore beaucoup de choses à faire, aussi bien qu'à Strasbourg, aux deux Brisack et à Huningue ; Marsal est imparfait. En Hainaut nous avons Charlemont qui est bon, mais très petit ; Philippeville vaut peu de chose, quoique de grande dépense ; Rocroy est assez bon, mais non fini ; les deux Givets ne sont qu'à demi fortifiés, et de très peu de résistance ; Maubeuge est bon, mais il y a encore des dehors très importants à faire là, et au Quesnoy. Avesnes et Landrecy sont médiocres. Tournay, Valenciennes, Lille, Condé, Menin, Ipres, sont les meilleures places de ces Pays-là, et en assez bon état. Dunkerque et Bergues aussi, mais il y a encore beaucoup de choses à faire à Furnes et à la Quenock[2]. Gravelines et Calais ne seroient pas mauvais si les projets en étoient achevés. Ce que la frontière des Pays-Bas a de meilleur est une seconde ligne de places qui s'étend depuis la Meuse jusqu'à la mer.

Venons à la frontière maritime. On a razé Boulogne, Dieppe, Cherbourg, et Granville très mal à propos, puisque ces places fermoient pour ainsi dire les accès aux Descentes dans les endroits du Royaume où elles sont le plus à craindre, et le plus à portée des Ennemis. La Bretagne qui est toute pleine de ports, n'a pas un seul endroit qu'on puisse dire être de bonne défense. Tout le Poitou et la Saintonge n'ont que la Rochelle, Rochefort, Blaye et Bordeaux, et quelques petits Forts, les uns très mauvais et les autres fort médiocres.

Du côté d'Espagne nous ne sommes couverts que par Bayonne qui n'est pas bonne Place, ni à beaucoup près achevée. St Jean Pied de Port ne vaut pas grand chose, non plus que Lourdes, Dax, etc... Le Roussillon n'a que Perpignan, Villefranche et Mont-Louis, car Salces et Collioure valent peu de chose aussi bien

---

1. Ces deux forts sont dans la commune de Salins (Jura).
2. La Kenoke, fort près d'Ypres, commencé par Vauban en 1678.

que le petit Fort des Bains[1], et Pra de Moulou[2]. Toute la Frontière
Maritime de Languedoc et de Provence n'est gardée que par deux
ou trois Places un peu considérables, savoir : Antibes à demi for-
tifiée, Toulon qui vaut peu de chose, et Marseille qui est l'un des
grands villages de la Chrétienté mais de nulle défense. Le
surplus consiste en quelques petits Forts de peu de considération, Cependant Toulon et Marseille renferment notre marine
du levant et tout le commerce de ce Pays là, et le Roy y a bien
sûrement pour 50 millions d'effets à lui appartenant. Le Dauphiné
et la Provence ont pour Frontière Entrevaux, Guillaume, Colmars,
et Seyne, qui en l'état que sont ces lieux ne peuvent passer pour
des places fortes. Le surplus consiste à la hauteur de leurs mon-
tagnes et à leur stérilité, dans lesquelles les Armées ne sauroient
subsister longtemps; véritablement quand Briançon, Montdauphin,
Quéras, Embrun et le Fort Barrault seront achevés, le Dauphiné ne
sera pas mal armé de ce côté-là, mais il n'y a encore que demi
besogne faite.

Non seulement notre Frontière n'est pas en bon état, mais les
Places en sont très mal munies, aussi bien que celles en dedans
du Royaume, car Paris par exemple n'a point de clôture, Rouen,
Bordeaux, Lyon et toutes les grandes villes du dedans du Royaume
ne sont de nulle Défense, tant par le défaut de leur clôture, que
par celui des munitions de guerre dont elles manquent absolument
toutes; ajoutons à cela beaucoup de Terre, dont la culture a été
abandonnée dans les derniers temps, et une grande diminution
de Peuple. Tout ce que dessus bien considéré, on trouvera que la
France, loin d'être dans un état florissant, est dans une scituation
très désagréable et même dangereuse, en égard à l'état présent de
ses affaires, et au nombre d'Ennemis qu'elle a sur les bras. Il est
donc de la prudence et du bon sens de ceux qui tiennent le timon
de son Gouvernement, d'en avertir Sa Majesté, de lui faire faire une
sérieuse réflexion sur l'état où Elle se trouve, afin de le disposer à
prendre sur cela quelque Résolution capable de la sortir du mauvais
pas où elle est engagée, d'autant plus qu'en s'y prenant bien, il se
peut qu'on lui procurera de grands avantages, au lieu qu'attendant
l'extrémité, il n'est pas bien sûr que le malheur de l'Espagne ne

1. Les Bains, village à 31 kil. S.-O. de Perpignan, fort bâti en 1670.
2. Lisez Prats de Mollo (Pyrénées-Orientales), arrondissement de Céret.

soit suivi du sien, de manière à ne s'en pouvoir relever de long-temps, et peut être jamais[1].

Je finis ici ce Mémoire, qui n'est que trop long, je l'avoue, mais je n'ai pu refuser à mes pensées de se produire à mesure qu'elles se sont présentées.

2 *février* 1706 : qu'on retienne bien la date du projet que nous venons de reproduire *in extenso*. Quand Vauban lui donna cette forme, il était sous l'impression d'événements douloureux : le 13 août 1704, nous avions perdu cette grande bataille de Hochstædt ou de Blenheim, signal de notre décadence militaire après soixante années de victoires ! Récemment l'amiral anglais Rook avait enlevé Gibraltar à l'Espagne et l'archiduc Charles s'était emparé de Barcelone. Toutefois, les choses n'étaient pas désespérées, il s'en faut. Vauban, à la date du 2 février 1706, songeait surtout à terminer une guerre ruineuse en réparant, du même coup, les funestes effets du traité de Ryswick, qui lui était si odieux.

Mais la suite de l'année 1706 nous réservait les plus dures épreuves. Le 23 mai, désastre de Ramillies (Brabant); le 7 septembre, désastre de Turin. Philippe V avait vainement tenté de reprendre Barcelone; l'archiduc Charles avait été proclamé roi d'Espagne dans Madrid même.

De là un nouveau projet de Vauban, projet colonial, qui ne nous est pas parvenu, mais dont Voltaire, dans son *Siecle de Louis XIV*[2], parle en ces termes :

« Tout parut alors, dit-il, si désespéré pour Philippe V, que le maréchal de Vauban, le premier des ingénieurs, le meilleur des citoyens, homme toujours occupé de projets, les uns utiles, les autres peu praticables et tous singuliers, proposa à la cour de France d'envoyer Philippe V régner en Amérique; ce prince y consentit. On l'eût fait embarquer avec les Espagnols attachés à son parti. L'Espagne eût été abandonnée aux factions civiles. Le commerce du Pérou et du Mexique n'eût plus été que pour les Français, et dans ce revers de la famille de Louis XIV la France eût encore trouvé sa grandeur. On délibéra sur ce projet à Versailles; mais la constance des Castillans et les fautes des ennemis conservèrent la couronne à Philippe V. Les peuples aimaient dans Philippe le choix qu'ils avaient fait et dans sa femme, fille du duc de Savoie, le soin qu'elle prenait de leur plaire, une intrépidité au-dessus de son sexe, et une constance agissante dans le malheur[3]. »

Ce sont bien là les idées de Vauban, car dans son mémoire sur le « MOYEN DE RÉTABLIR NOS COLONIES DE L'AMÉRIQUE ET DE LES ACCROITRE EN PEU DE TEMPS » (28 août 1699), on peut lire les phrases suivantes qui dénotent l'une de ses grandes préoccupations.

1. Le vrai moyen de la bien sortir d'affaire est la paix aux conditions énoncées dans le commencement de ce mémoire. V.
2. Au chapitre XXI.
3. La bataille d'Almanza, qui raffermit le trône de Philippe V, fut livrée le 25 avril 1707, moins d'un mois après la mort de Vauban.

« Je dis donc en premier lieu que l'accroissement ou plutôt la réhabilita-
tion des colonies du Canada et de Saint-Domingue sont absolument nécessaires
au soutien de celles que nous avons déjà; autrement il n'y a pas d'apparence
qu'elles puissent se soutenir longtemps contre les nations voisines qui ont
une grande attention à fortifier et à accroître les leurs et qui ont d'ailleurs
des vues particulières et très intéressées sur cette grande et riche partie du
monde qui est l'Amérique; pour auquel remédier, et prévenir le mal qui pourroit en arriver à ce Royaume, il n'y a rien de plus sûr que de s'y établir comme
eux et se mettre en état de les y traverser toutes et quantes fois qu'elles en
voudront mésuser.

« ...Que si l'on fait attention à la nature et à la qualité de ces établissements,
on ne trouvera d'une part rien de plus noble, et de l'autre rien de plus nécessaire. Rien de plus noble, en ce qu'il n'y a pas moins de *donner naissance
et accroissement à deux grandes Monarchies qui, pouvant s'élever au Canada, à la Louisiane et dans l'isle de Saint-Domingue, deviendront capables
par leur propre force, aidées de l'avantage de leur situation, de balancer
un jour toutes celles de l'Amérique et de procurer de grandes et immenses
richesses aux successeurs de Sa Majesté.* Rien de plus nécessaire, parce
que, etc. »

Et avec ce sentiment d'amour religieux pour Dieu et le Roi qui ressort de
tous ses écrits, Vauban ajoute plus loin :

« Peut-on faire des acquisitions plus légitimes et imaginer un moyen plus
glorieux et plus sûr en même temps pour perpétuer la mémoire du plus grand
Roy du monde jusqu'à la consommation des siècles? J'ose même dire que c'est
une action pieuse et méritoire devant Dieu que de peupler un grand, vaste et
bon pays vide, qui n'est rempli que de nations exécrables pour la plupart, qui,
vivant en bêtes, ne connoissent point de Dieu et n'en veulent point connoître
qui n'ont ni foi ni loi, et qui n'occupent pas la centième partie de ce pays. »

Il est probable que les papiers soumis par Vauban à Chamillard en septembre 1706 renfermaient, outre le projet que nous venons de publier, celui con-
cernant l'Amérique. En tout cas on peut affirmer que c'est le traité de Ryswick,
si souvent maudit par lui, qui, « sept ou huit ans auparavant », suivant ses
propres expressions, lui avait suggéré le fond même du Mémoire de février 1706.

L.-Imprimeries réunies, B, rue Mignon, 2. — MAY et MOTTEROZ, directeurs.

INSTITUT GÉOGRAPHIQUE DE PARIS

CH. DELAGRAVE

ÉDITEUR DE LA *REVUE DE GÉOGRAPHIE*

15, RUE SOUFFLOT, 15

REVUE

DE

GÉOGRAPHIE

DIRIGÉE PAR

M. LUDOVIC DRAPEYRON

Professeur d'histoire et de géographie au lycée Charlemagne,
Agrégé de l'Université, Docteur ès lettres,
Membre de la Société de Géographie, Secrétaire général de la Société de Topographie de France,
Ancien élève de l'École normale supérieure.

La Revue de Géographie, fondée en 1877, paraît tous les mois par fascicules de cinq feuilles grand in-8° raisin, format de nos grandes Revues littéraires, et forme, à la fin de l'année, deux forts volumes d'environ 500 pages chacun, imprimés sur beau papier et en caractères neufs, avec cartes et gravures.

Le prix de l'abonnement est de 25 francs par an pour Paris, de 28 francs pour les départements et les pays faisant partie de l'Union générale des Postes; — pour les autres pays, les frais de poste en sus.

La Revue de Géographie forme aujourd'hui vingt-huit volumes.

PRIX DE LA COLLECTION, AVEC LA TABLE ANALYTIQUE DES MATIÈRES : 350 FR.

Pour la rédaction, s'adresser à **M. L. DRAPEYRON**, 55, *rue Claude-Bernard, Paris.*

L.-Imprimeries réunies, B, rue Mignon, 2. — MAY et MOTTEROZ, directeurs.

www.ingramcontent.com/pod-product-compliance
Lightning Source LLC
Chambersburg PA
CBHW060816280326
41934CB00010B/2715